수묵화 치는 메주

고제웅 시집

고제웅 시집

수묵화 치는 메주

지은이 고제웅
펴낸이 최명자

펴낸곳 책펴냄열린시
주소 부산광역시 중구 동광길 11 203호
전화 051 464 8716
출판등록번호 제1999-000002호
출판등록일 1991년 2월 4일

인쇄일 2014년 4월 30일
발행일 2014년 5월 02일

값 8,000원

ISBN 978-89-87458-83-0 03810

「이 도서의 국립중앙도서관 출판시도서목록(CIP)은 서지정보유통지원시스템 홈페이지(http://seoji.nl.go.kr)와 국가자료공동목록시스템(http://www.nl.go.kr/kolis-net)에서 이용하실 수 있습니다.
(CIP제어번호: CIP2014012726)」

수묵화 치는 메주

시인 메주스님

고제웅 시인은 메주를 쑤고 된장 간장을 빚으며 농사를 짓고 막노동을 하며 시를 쓰기에 메주 스님이다. 땀 흘리며 영혼을 노래하는 시인, 시인은 2005년 한울문학으로 등단, 2011년 다음카페 「자연과 시의 이웃들」에서 임보 시인, 홍해리 시인이 「메주의 행복」 등 20여 편을 추천 받아 금관시인 칭호를 받았으며 시집 「쉬어가는 단풍」이 있다.

부산 초량동 구봉산 화엄사 주지, 경남거창 정토원(순자연식품)을 운영하고 있다.

서시

가슴이 시린
메주 한 덩이
별을 세면 숨이 트일까
아린 몸으로
밤을 새우며
띄운 사연이 하늘에 닿을까
순종도 은혜처럼
아리따운 꽃이더라
얼마나 가면
새들이 지저귈까
부르튼 발,
눈물로 간다

제 1 부

제 2 부

제 3 부

제 4 부

제 1 부

오늘

오늘 일을
내일로 미루었더니
오늘이 가고 없었다

밤이 가고
동이 트면서
오늘이 왔지만
어제의 오늘이 아니었다

오늘을 허송하고
내일에 희망을 걸지 말라
지저귀는 새도
하루하루 정성을 다, 하더라

산다는 것은
어제와 내일이 아니다
오늘 꽃 피고 새로 노래함이 소중하다

정情

너는 나에게
나는 너에게
자전, 공전하며 떨어질 수 없다
진공에 들어도 중력을 벗어날 수 없다

중력이 있어 영혼이 서로 당기며
달빛같이 은은한 사랑
반중력*이 온다 해도
꽃보다 아리따운 관계

때문에 이별은 블랙홀보다 어둡고
재회는 별밤이 된다

*반중력: 중력과 반대되는 힘, 아직 발견되지 않았다. 영화처럼 공중에 정지하는 어려운 비행은 반중력 기술 등이 필요할 것으로 보인다.

순결

아침
이슬이 또르르
시클라멘이 초경에 운다

햇빛이
그리는 사랑 무지개

순정

땅거미 내릴 때
닫힌 꽃 문이
햇살에
민들레 하며 웃는다

금빛 가슴으로
허공* 청정*을 걸어가며
떨군 눈물이 수繡를 놓는다

봄볕에 그리움 기대어 수를 놓는다

*허공: 소수점의 가장 끝자리 앞의 수
*청정: 소수점의 가장 끝자리 더 이상 나눌 수 없는 수.

연민

도시에 살아도 가슴은 밭갈이 한다

태풍에 과목果木이 쓰러져 세우고
피해를 복구하는 귀에
개울물 소리
해가 났다, 빨래하자
사연도 처지도 헹구고
치마저고리 속곳도 말리면
거울에 비치는 얼굴
두 눈가에 이슬이 어리고
판소리가 애절해 '으이' 추임새를 넣는다

둥글게 둥글게 춤사위 밟으면
너와 내가
한 그루 나무였다
꽃과 녹음 그리고 단풍으로 흐르자
가슴이 맞닿게

인생

싸리울 가지 끝의 고추잠자리
바람 불면 밀렸다 앉고
그러기를 하루 내내

해바라기 맴도는
잠자리 눈에
인생이
뭐냐고, 묻자
정답이 없다 하네

답이 없는 삶이라
쉽지가 않네.

사랑

창문을 똑똑똑
조명보다 곱게
꽃보다 곱게 똑똑똑
달빛은 달빛만이 아니어요
설렘, 그리움으로 까치발 들어요

거기 바다가 있어요

이별

꽃무릇 꽃이
잎을 만나지 못했다
꽃대만 올라와 꽃이 피었다

잎과 꽃이 만나면 서로 알 수 있을까
보고 있어도 애달픈 사이에
강이 놓이면
만날 수 없는 평행선
아아, 임은 그렇게 가시고
꽃무릇 꽃이
잎을 만나지 못했다
꽃대만 올라와 꽃이 피었다

자우룩한 안개 속
눈물에 발등 깨진다

다담*

할 말 많지

하소연 접고
차나 마시고 가라

살다가 보면
좋은 일 있으리니

아픔이 여물어
오색이 되는 날
단풍이 꽃보다 곱다 하여라

*다담茶談: 차를 마시며 나누는 이야기.

독경讀經

기백산에
가을이 오면
사과나무에 목탁이 주렁주렁

바람이 불면
홍옥도 부사도
나무아미타불 관세음보살

저 안에 누가 있어
목탁을 치는가
사랑도 미움도 모두 버리고
바람같이 구름같이 살라 하네

사과에는
극락조 가릉빈가*
염불삼매에 연꽃이 피어나고

꽃마다
불, 보살이 계시어

비파*, 가야금 타시고
상큼한 법문을 설하시네

*가릉빈가: 사람의 머리에 새의 몸을 한 상상의 새, 극락 세계에 살며 깃이 아름답고 소리가 맑고 고우며 사람을 염불삼매로 이끌어 수행하게 한다는 새.

*비파琵琶: 현악기의 하나. 타원형의 몸통에 짧은 자루가 달려 있으며, 4줄로 된 당비파와 5줄의 향비파가 있다.

기도

관세음보살
사랑도 미움도 관세음보살…
임 향한 걸음걸음
노 젓는 소리 들리어 오네

강에는 인어의 독경 소리
비천상* 현악에 은어가 뛰네

은색의 순간에 연두, 연지
그 빛살에 신명이 나는
적멸*의 장엄
나는 야, 고해苦海를 건너
어기야디야
그리운 임 만나러 가네

*비천상飛天像: 하늘을 나는 천인天人, 고분벽화나 불교 미술품에서 볼 수 있다.

*적멸寂滅: 번뇌의 세상을 완전히 벗어난 높은 경지,

예불

산사의 청아한 예불 소리는
임 그리워
물고기가 산을 그린다

산에는 작은 암자
아기 스님이
큰스님 무릎을 베고 서녘을 간다

길에는 꽃피고 새들이 지저귀네
바람 불고 눈비 오네

산등을 넘어
고향 집 굴뚝에 이는 연기

산사의 청아한 예불 소리는
임 그리워
물고기가 산을 그린다

석종石鐘

무정물이다, 정 없다 말하지 마세요
가슴에 풍경이 있어
바람 불면
핑그러렁 울어요

울다 보면 귀는 먹먹하고
코도 막막한
야밤
워낭소리가 가듯
세상을 살고 있어요

어둠이 가시고
날이 새어
과꽃이 웃으면
정도 한도 과꽃을 피우듯
둥근 영원을 살고 있어요

고승의 사리를 품고 니르바나를 살고 있어요

운수행각

나모라 다나 다라, 천수경 신묘장구를 외우다
올려다본 하늘에
명월이 나모라 다나 다라 염주를 굴려
비천이다
비룡이다
운수행각*에
천태만상이 흘러가네

우리네 삶도 천태만상
운수 행각이네

*운수행각雲水行脚: 구름이나 물 흐름 같이 집착을 떠나 수행하며 사는 것.

소소명명

신묘장구대다라니* 염불 삼매에 빠져
팔을 베고 잠을 자다 생각해 보네
행주좌와 어묵 동정에
소소명명*한
이놈이
뭐고?
생각하면
생각할수록
십만 팔천 리 밖
주리면 밥을 먹고
곤하면 잠을 잘 자
어버이 나를 낳기 전
달빛에 흐르던 한 조각 구름이
미몽에 떨어져서 내가 되었네

물소리
바람 소리
쉬어 드는 곳에
이놈이 여여* 해 소소명명하네.

*신묘장구대다라니: 불교 천수경 안에 있는내용, 염송하면 무한한 공덕이 성취된다 함.

*소소명명昭昭明明: 매우 밝고 명백한 것.

*여여如如: 진여 [tathata, 眞如], 진리를 뜻함.

산왕山王

산왕대신…

간절히 부르는 기도소리에
꽃눈이 트고
산새가 운다

산사의 목탁 소리에
산천어
기지개 켜고
물보라 인다

아지랑이 아른아른
종다리 하늘로
소풍을 갈 때

산왕은
꽃피고
새우는 소리

야인의 행복

선악 시비를 내려놓으니

해 뜨면 산호가 고와서
밤이면 별빛이 고와서
진주를 품 안은 조개같이
가슴이 담담하여라

해탈로 가는 선승처럼
원도 한도 벗어버리고
애기똥풀 웃음 같이
연못 속 달도 건지며
흙에 묻히어
한세상 쉬어가리라

석이石耳

낮이면 숲을 보고
밤이면 별을 보고

사랑도 그리움도 가슴에
꼭꼭 다독여
설움을 참았다

얼굴이 곰보라서
심중에 쌓인
사연은 꺼내지도 못한 채
시공을 겹겹이 접어 옷을 입었다

나, 그대에게 시집을 가면
번뇌도 보리*도
삭히어서
산 숲 바위의 꿈을 안기리다

*보리: 불교 최고의 이상理想인 불타정각佛陀正覺의 지혜

빙화氷花

산돌아
물돌아
내장사 가는 길

유리알
꽃송이
송이송이 새 아침 영락이다

순백 산천純白山川
가로수
단풍나무에 핀
빙화氷花에 햇살이 꿰였다

산토끼
빙화에 세수하다
청청청 가슴을 닦는다

두어 솔잎이
닦이어 내린다

까치밥

가진 것 다, 벗어버린 감나무에
한 알
홍시가 대롱대롱

나무는 애간장 내밀며
까치야,
나를 먹어라

앙상한 가지 끝에서
봄까지
날 수 있으리니

꽃피는 언덕에 이르면
주홍빛 사랑은
고해를 건너는 한 척의 배였다 말해다오

제 2 부

심호흡

가야산 고사리 한 촉이 나는 모른다
새벽에 목탁치고
독경하고
참선하는 뜻을
스님들이 부산을 떨지 않아도 동이 트더라

팔만대장경과 조사관이 어떻다 해도
숨 쉬는 일만 같을까

어버이 나를 낳기 전, 내 모습과
만법이 하나로 돌아간 자리
그리고 생각하는 이놈이 누구인가
똘똘 말아 쥐고 올라와 전廛을 폈더니 삼라
만상이 손뼉을 치더라

풀, 나무, 바위도 아는 것을
끙끙대는 수행자여
모르면 곰삭아라
뜨고 삭아서 거름이 되면

한 촉 고사리가 숨 쉬는 일을 알리라
숨이 들고 나는 모습 안으로 걸어가면
마하목건련, 사리불
그들의 스승인 석가모니불이
숨 쉰 숨을 너 또한 그같이 쉼을 알리라

굳이 수식관을 닦고
조사관을 뚫지 않아도
초목에 꽃이 피고 새가 울더라

개미의 경전

석조
목조로
교회를 세우고
사찰을 지었다
진정한 종교더냐

일요일
그리고 재일에
예배와 불공을 드렸다, 참다운 종교더냐

여기 햇살과 바람 속
비 오고 눈이 덮여도
묵묵히 일하고 협동하며
종족을 위해 순교하는 나라가 있다

음주, 가무도 하지 않고
거짓도 없다
모두를 위한
삼매가 경전이다

본전本錢

못 났다, 돈 없다, 몸 아프고 불행하다
속상할 것 없다

귀성버스를 타려다 거절당했다
암표상한테 속았다
한숨을 쉬다
발 동동거리다
본전임을 깨달았다

잘 잠 다, 자면서 꾼 꿈이었다
삶도
죽음도 꿈
깨이면 본전인데
무엇을 얻고 잃었을까

서산에 해가 지니
동산에 달이 뜬다

진언眞言

까마귀가 짖으면 초상이 났습니다
불길하다고 돌을 던지며 멀리 쫓았습니다

그들이 멸종까지 가다가 되돌아와서
진종일 짖어 댑니다

별일이 없어 왜, 그런가 유심히 보았습니다
까-악 까-악 까아-ㄱ 깍
몇 마디 안 되는 말을
가르치고
배우고
부산 구봉산에 까마귀 학교가 열렸습니다

머-ㄴ 미래에 안경을 끼고
고고학을 연구하는 학자는
저들의 후손일 수 있습니다

학구열이 굴뚝 같으므로

동행

내장산에 무슨 일이 있었지

신선봉에서 달려온 물과 서래봉에서 발원한 물이 합수하는 곳
거목의 옹이구멍에 자라난 단풍나무가 만추를 가고 있었지
소슬바람에 다홍치마 살포시 들어 올리고
소매는 휘어감을 사 달이 가을로 떨어질 때

노구가 고단하다며 팽나무가 일찍이 옷을 벗고 자다
자진모리장단에 '에취' 재채기하였지
몇 잎 나뭇잎마저 떨어지고 단풍은 더더욱 붉었지

잠결에 고년 가슴을 만졌나 보다
에그,
늙은 나무도 그런가
아냐,

비
바람
풍상도
밤길도 함께 가지

땅거미

거창 기백산을 내려오다 계곡물을 마시었다

갈증이 풀려 다리가 아프다
널찍한 바위에서
한숨 잠이 들었나
깨어보니 땅거미가 덮쳐 온다

가슴이 철렁 내려앉아
내닫는 걸음걸음에
칡범*이 발목을 잡는다

나도 몰라 하늘도 몰라
으스름달 쪽배를 타고
이십팔 수*가 손을 잡으면
나는, 노루 울음으로 토해져
이름 없는 야생화가 될는지
나도 몰라 하늘도 몰라
녹음이 가슴에 덮이어
선체로 바위가 되고

바람맞는 나무가 되어도
산에 왔으니
산이 되어야겠다

아아, 호흡이 멎으면
초목에 옷을 입히고
꽃을 달아주는
산신이 되려나
땅거미에 혼신이 스미어 간다

*칡범: 칡넝쿨
*이십팔수二十八宿: 천구天球를 황도黃道 :지구를 중심으로 한 천구상天球上의 태양 궤도*에 따라 스물여덟으로 등분한 구획. 또는 그 구획의 별자리.

수월水月*

맏사형師兄*이 사리*가 몇이냐, 묻기에
수월水月이 둘,
답을 드렸다

조계사 주지
통도사 주지
불교 TV 이사장 역임한 분이
상처 입은 잎 잎에
별이 떴다고 별 하나 잎 하나 세셨습니다

통증이 하나 둘 세일 때마다
시린 가슴에
현악이 울고
울음이 악보로 남았습니다

아아, 나는 은사 스님께 계륵이었고
맛이 없어도
고긴가 했는데
사형께서 현을 뜯고 음률을 즐기시나 봅니다

즐기려면 즐기세요
매미처럼 울다 가겠습니다
아니,
수월로 흐르다
물이랑에 이지러지겠습니다

*수월水月: 물에 비친 달그림자
*맏사형: 한 스승 밑에 맏이가 되는 제자.
*사리: ①부처님이나 스님을 화장했을 때 나오는 구슬, 또는 영골靈骨 , ②스님들이 쓰는 은어 제자나 권속.

내 삶의 구도

구도를 잡고 셔터를 누르자
프레임 안에 피사체가 들어와
풍광이 현상 되었다
하지만 천지신명께 빌었던 내 출생은
시시해 틀 밖으로 벗어났다

애당초 기억될 일이 아니거나
후광이 없었던 탓일까
신, 우주, 세상은
관심이 없었다

사고를 치면 뒤돌아보겠지
아서,
달이 강을 건너도
흔적이 없듯
보편타당한 삶이
무애無碍의 삶이다

배고프면 밥 먹고 곤하면 자라

흙이나 일구다 일몰을 따라
가자,
서녘을 넘어서면 푸른색 푸른 빛, 흰색 흰 빛 연화가 핀다

소식은 부산 구봉산 산마루 흰 구름이 일러 주었다

야승*의 일원상*

용이 되려 했는데 이무기라서, 기가 막혀서
승천의 그리움을 달래려 소沼안으로
몸을 사리다 작은 물고기 되어
눈물로 날개를 돋우듯이
비박한 중이라 괭이질, 삽질, 돌도 쌓다가 서녘을 본다
얼마나 가면 오매불망 그리운 임 만날 수 있을까
노자도 없는데 다리가 천근만근이다

세상에 와서 만난 인연이야
소중하지 않음이 있으랴만
가슴은 한쪽이 비어서
불을 밝혀도 어둠이다

지난밤 꿈결이 사납더니 한 객승이 와서
일원상 치며
원 안에 들어가도
들어가지 않아도

몽둥이로 패겠다 하니 어찌할까

더욱이 어버이 나를 낳기 전 내 모습을 물어
아지랑이
아지랑이
나는 아지랑이
천길만길 절벽에 갇힌다

*야승野僧: 이름 없는 시골의 스님.
*일원상一圓相: 선종禪宗에서, 완전한 깨달음이나 마음의 본래 모습을 표상하는 동그라미.

땡추

명예퇴직을 하고 산으로 갔다

키는 작고
뚱뚱하고
나이가 많아 등도 굽은 년
풍진세상 사노라
설움이 옷이 되어 아름다운 년
만나자 마자 가슴이 뛴다

섬섬한 옥수는 잘라서
기형으로 다듬고
집으로 데려와
텃밭을 내어 주고
공주로 모시며 어르고 달래자
이듬해 손을 힘차게 내민다

내민 손을 송곳으로 파내고
불로 지지며 형벌을 가한다
고통을 참다가

처절함이 꽃이 되면
철사로 휘감아 구름같이 오그리고
화분에 가두어 몸값을 올린다

그녀이 사람으로 환생하여
내 팔과 다리를 자르고
철사로 휘감아서
온갖 형벌을 가한 다음
나를 꽃이다 추켜세우면
나는 꽃이 되어 웃을 수 있을까

산에도 구조 조정이 있었다
명예퇴직으로 태어나
분재가 되어 땡추로 산다
세상 속에서
잘린 손발이 시리고 아프다

가시나무

새여, 가시밭 그늘을 나는 작은 새여

푸른 색 푸른 빛 흰색 흰빛 분홍, 다홍
꽃잎의 바라춤사위
단소, 아쟁, 호적 소리를 타고
봉황의 꿈을 꾸시는가?

장애와 좌절, 공포와 위험도 없이 활공하며
봄에는 꽃 빛을
여름에는 녹음을
그리고 단풍과 설경을 보며
노래 한 곡조 부르고 싶으신가?

여기, 춘하추동 깊은 골짝에서 길어 올린 성수*를
기꺼이 허락하노니 목을 축이시라

기갈이 잠자거든 성수는 가시나무의 눈물이고
방울방울이 가슴앓이였다고 말하라

자, 내 순, 내 꽃을 찍고 나를 마셔라
나는 인고忍苦 하면서
헌신의 길을 가리니…

*성수聖水: 종교적인 예식에 쓰기 위하여 축성하는 물.

가시나무 새

당신은 독수리의 활공을 보라
솔개의 낙하를 보라
얼마나 아리땁고 장엄한가 하셨나이다

멋진 비상飛翔이 꿈이지만
작은 몸이 죄라서
힘 없음이 죄라서
가시덩굴 속 그늘을 날다
죽지가 찢기고 피멍울이 들었나이다

만신창이 상처에 조소를 던지지 마세요
살과 뼈를 도리는
아픔 안에는 우물이 있나이다

갈증에 물을 드리오니
두레박을 내려 보세요
그럼, 산다는 것은
가시와 가시 사이에
꽃피는 일임을 알 수 있나이다

직립보행*

마음이 독하면 엉덩이에 뿔이 나네

대수롭지 않은 일에 울화가 치밀면
뿔이 머리 위로 올라와
이리 처박고 저리 떠받네

사나운 소는 뿔을 자르고 불로 지지면 순한 양이 되듯이
엉덩이를 불로 지지면 성정이 순해질까?

성 안내는 마음이 참다운 공양이구요
부드러운 말 한마디가 미묘한 향인데
나 자신을 항복 받기가 참으로 어렵네

금강산 유점사 돈도암 홍도 스님은
오랫동안 수행해
부처님 경지에 이르렀다가
성 한번 내고 뱀이 된 설화가 있는데
내, 가슴이 기어서 가네

꽃과 새와 나무에
직립보행을 심어다오 간절히 부탁하네

하늘 문

비바람 치다 진눈깨비 날리다
땅이 얼었다

나무들이 삐걱삐걱
퇴행성으로 걷다
통증을 딛고
하늘을 열었다

얼마나 아파야
고해를 건너
꽃으로 피느냐

관절염, 디스크, 신장염 등 모든 병이여
고맙다
너희가 있어
영혼은
수렁에서 꽃대가 올라오고 연꽃이 핀다.

노경*

내가 나무라면 밑동이 잘려도 아리따울까
나이테를 본다

항상 사계가 길을 내고
그 속을 걸으며
아기자기했다

이제는 땅거미 내리고 있는데
낡은 수레를 고쳐가며
길을 재촉 하듯이
안과
이비인후과
정형외과를 들락거리다
어느 날 종합검진에서 내시경으로 찍은 종양을 본다

반지르르 예쁘다
그래,
예뻐야지

놈을 보며 갈 길을 본다

숨을 멈추고 눈을 감으니 꽃비가 내리고
들숨 날숨이 끊겨
들어갈 자리에 꽃피고 새가 운다

*노경老境: 나이를 많이 먹은 때나 그 즈음.

발 시리다

"양말을 신고 있어도 발 시리다" 하신
아버지 말씀이
귀 때리옵니다

"양말을 신고 있어도 발 시리다" 하심을
그때는 몰랐습니다

오뉴월 염천에 양말을 신으시고
"양말을 신고 있어도 발 시리다" 하신
말씀을
이제 알겠습니다

당신이 하선하신 강나루에 다 와 가는지
저 역시
양말을 신고 있어도 발 시리다
이런 말이 나옵니다

만나 뵈오면
뱃길은

꽃길
풍랑 길
소용돌이가 있어
아기자기했다 말씀드리겠습니다

조황鳥皇 즉위식

부산 구봉산 공덕사 주변은 새들의 낙원
팔색조가 새 박사를 불러들였다

윤무부 교수는 반신불수였다
추위 속에서 새를 관찰하다 바람 맞았단다
절며 새를 찾아가는 모습에 고개가 숙여진다

그런 분이 일만 하는 내가 안 됐는지
메주 스님, 설쳐보세요 하신다
그러면 돈도 명예도 따르겠다

그보다 숲을 보고 새소리 들으면
보고 듣는 것으로
행복일 것을

한 새가 호르르르르르르호께꼬~ 하는데
삭여 들으니 홀라당 벗고 자빠지란다
또 다른 새가 지지 짹짹
아냐, 그도 인간이니 재물이 그리울 것을

돈도 권력도 없이 미친 왕에게 관이나 씌우자
조황폐하 만세
깍깍 깍
풀, 나무도 기립박수를 하였다

밥

먹어야 산다

학문
예술
진리도
굶고는 이룰 수 없다

끈
고리
열쇠
꽃이다

제 3 부

메주 2

뿌리
대공
깍지가
밭이랑 논두렁이 그리워 타면
솥 안은 처녀 총각들
뜨거운 사랑으로 끓는다

깊은 정으로 뜸이 들어서
절구와 절굿공이
푹-삭-콩 푹-삭-콩 사랑싸움

이리 맞고 저리 터지다
어르고 달래어 부둥켜안는다

얼마나 마르고 떠야
애간장 절절할까
풍상 길 희로애락 삭히며 간다

메주의 행복

메주가 걷는 길은 바람 길
북풍이 먼저 오는 길
바람이 불어 몸이 뭉그러지고
바람이 길을 내니 눈시울이 발등을 적신다

가슴이 메여 갈라져도
아픔을 참으며 걸어가야지
인연이 닿아서 온 세상
산다는 것, 어찌 꽃만 피이랴

걷다가 보니 손이 하나
울다가 보니 다리 하나
떨어져 나가 몽그라져
퍼런 멍이 피어나 문둥이가 되었다

옷이 험하다
속마저 검지 않은데
만나는 자마다 속을 후비는구나
안으로 안으로 멍든 아픔이 보석이다

죽어도 좋고
살면 더 좋고
메주의 삶, 걷다가 보니
장독에서 새가 날고 별들이 멱을 감는다

발효의 눈물

곱게 마르고 떠라 했는데
이 바람 저 바람 다, 맞고
치마도 없이 속곳도 벗긴 알몸

그래, 읍내 버스 정류장 모퉁이냐
역 앞 여인숙 즐비한 골목이더냐
뭐라, 성도 이름도 모르는 아저씨한테

해콩 메주라서
그래도 철 났어야
수장 당해도 장맛이 나지
아냐,
풍진세상 걷다가
가슴이 트고 삭아서
새들이 지저귀면 짠맛 향이 되어야지

발효가 별거더냐
눈물이 갈리어 보석이 되는 것이다

수묵화 치는 메주

찬바람이 불고 눈이 오는 밤
고드름보다 긴
사연을 놓고

메주는
가슴이 시려서
적막을 걸어갑니다

애간장이 녹아서
꽃피고
새우는
그 길을 걸어갑니다

선도 악도 버리고
해탈을
수묵화 치며 걸어갑니다

메주의 섭진교涉塵橋*

해와 달과 별을 따라가다가
한 떨기 바람에
아득히 떨어진 곳
텅 빈 어둠 속
감각 지각이 없었다

희미한 그림자같이 어른어른
어머니 아버지
순이가 보인다

소중한 인연에
목메어 우는 메주
정신이 들수록 통증이 심하다

찬바람 수술대에서
죽었다 깨어나니
삶과 죽음이 보인다

살아 있어서 아픈 것이고

아픔을 아는 것이 부처다

저 녀석
나를 삶고 으깨고 뭉치고 말려도 한심하다
어느 때 강을 건널 수 있을까
막막하다

*섭진교涉塵橋: 번뇌 망상을 건너서 해탈을 이루고 부처가 되는 것을 뜻하는 다리.

메주가 치는 수묵화

빛과 어둠 그리고 바람으로
길을 가는 메주가
옷깃을 여미더니
눈물과 웃음으로 묵화를 친다

늙은 매화 한 그루
가지를 치니
꽃이 피어나고
작은 새들이 날아와 지저귄다

산다는 것이 쉬운 일이냐
바람맞고
비에 젖기도 하지
둥지를 흔들어도 성내지 말라

기쁨도 슬픔도 세월이 말하리니
가슴앓이를 하지 말라
속이 썩고 삭아야 장맛이 절절하다
마르고 뜨며 발효되면서 걸어가자

풍진세계를 건너
일주문에 들면
항아리 안은 화장세계
가릉빈가가 노래한다

메주가 마르면서

발이 시리다가
시리다 못해
발바닥이 화끈화끈
마르고 뜨다 보니 탈이 났어요

어깨도 바람이 들어
뚝, 뚜 두둑
소리가 나며 아픈
통증을 어디다 하소연할까요

태어나 지은 죄는
시렁에 매달려
바람을 쐰 것이 전부
맞바람 치는 날은 간이 떨어져요

속을 삭이면서
인당수에 드는 날
오지랖에 꽃이 피도록
살얼음 밟듯 가슴을 여며가요

메주의 각성

어쩌란 말이냐
메주인 것을
가슴 치며 하늘을 원망할까

너, 나 모두 버리고
오리무중
먹통보다 캄캄한 절벽
억, 조, 경, 해, 자
불가사의, 무량수로 떨어질까

아냐, 멍들고 아파야지
상처받으며 뜨다가
곰삭아야지

아픔을 꽃으로 승화시키는
보시의 절정
장 바다 이루어야지

메주의 굿판

솔가지 흔들리니
아쟁이 울고
장구의 반주 따라
무녀가 뛰다
해학이 주절주절
모두는 눈시울이 붉어졌다

폭우에 떠내려가신 고모
보릿고개 넘다 가신 어머니
한이 굽이굽이 흐르고
절름대는 춤사위를 보다
고수가 눠시어, 묻자
사고로 간 외사촌 형이다
비 오면 비를 맞고
바람 불면 바람을 맞고
그래그래 살다가
경운기 바퀴에 당했다

해와 달 별도 신명을 돋우고

방울소리 찰랑찰랑
너는, 일가가 아닌데
부끄럽다
어허, 누구냐
나, 시주의 이모 베개 동서
콩도 속 빈 사내는 그런가 보다

정토원* 건조장은
삼동에 메주들이
굿판을 벌이고
마르고 뜨며
가슴에 천지신명을 담고 있었다

*정토원: 경남 거창에 있는 메주스님의 농장 농사짓고 메주 쑤고 장을 빚는 곳.

메주의 도강渡江

부산 구봉산 화엄사 요사채
처마도리에 걸린 메주가
저것을 봐

인절미 한 번 쳐다보고 절 한 번 하고
절 한 번 하고 인절미 한 번 쳐다보는
저 신도의 공은
불공인가
떡공인가

바람에 메주들이
까르르 웃다
아무렴 어때
저들의 도강에
참다운 발효가 있더냐

우리가 마르고 뜨며 발효함이여
곰삭는 가슴에
아난*의 독경소리

삶과 죽음이 둘이 아니네

*아난: 아난존자, 부처님의 십대 제자 중 한 분.

메주의 담소

거창 마리면 고학리 학동 할머니 댁 마루
처마도리에 걸린 메주들이
낮잠을 자다 깨어 중얼거린다
삼포댁 콩 서 되가
콩고물 되어 찰떡을 화장하고
가야산 해인사로 불공을 갔다네

명산대찰에 기도 드리며
범종
운판
풍경소리에 귀를 씻고
목탁소리에 잠들 수 있어 좋겠네

아냐, 우리도 마르다 보면
소금물에 들어 애간장 절절히 풀 수 있네

별과 바람을 쐬는
이 일도 묘법연화경
부처님 보살님 오고 가시네

메주의 독백

삶기고 으깨지고 두들겨 맞고
목매달려 죽고 또 죽어
가련한 나를 보고
마르라 하네

찬바람에 야위다 오장이 뒤틀려
몸이 쩍쩍 갈라지니
모양이 험하다고
핀잔을 하네

속상하지 않은 발효가 어디 있을까
풍진세상도 좋아
새소리
물 흐르는 소리
바람은 산 넘어 소식 전해주고
시렁살이 깊은 맛 아무나 알 수 없네

삶이란 이런 것이다
노래 한 곡조 부르고 싶어 가슴이 타네

메주의 고행

메주가 칼바람에 맨살을 에다

만법이 하나로 돌아간다는
소식에
이 뭣고?

주야장천 화두에 목매더니
피골이 상접해
황토방 열기로 등을 지지며
이불을 덮어쓰고
흐느끼다
흰옷을 입고 보인
환골탈태

가슴은
꽃송이
하늘이 깊네

메주의 강

된장 메주와 고추장 메주는
크기 모양 쓰임도 달리 태어났으니
산색과 물빛을 접어두고 걸어가자

안동시 제비원 석불이 묵언하시는 향기와
골라 골~라를 외치는 상인의 몸부림이
한 나무 한 가지 꽃, 향이리니
갈등은 접어두고 마르고 뜨자

사랑과 증오를 건너
된장, 간장, 고추장이
밟는 춤사위
입 안은
감각 지각이 눈물로 빙그르르
삶은 이런 것이다

메주의 만다라

바람도 추위도 생각지 않고
가슴에
해를 새기며
달과 별을 새기며
주야장천 걸었더니 관절염이 생겼다

바람이 부니
온몸이 삐걱삐걱
가슴이 조이고 트는 소리
달이 겨울 속으로 떨어진 밤
툭,
하반신이 떨어져 나갔다

겨우 시렁에 매달려
수장이 오기까지
마르고 뜨며
애간장이 녹아
삶의 끝까지 걸어간다
속이 썩었다

파서 버리지 말라
만고풍상을 겪어서 핀
만다라가 산새로 지저귄다

메주의 열반

겨울 정토원은 소림굴이다
메주만 걸려 있는데
달마가 어쩌고, 어불성설이다

잘 보아라
면벽참선을
화두 타파에 목을 맨다

식음을 전폐하고
해, 달, 별과 선문답 하며
한 발 한 발 일주문에 든다

뜨고 삭아서 이룬
불립문자
금빛 가사로 열반에 든다

낱낱 메주가 도를 이루어
사자후를 토하며
적멸의 바다에서 헤엄을 친다

메주의 관욕灌浴*

삼동을 나느라 켜켜이 찌든 때
물 한 바가지 끼얹으니
가슴이 옥죄여
나는 가겠네

물에 흘러서
마리면 지나 거창읍 지나
합천호에 한 천 년 잠수할까
그러다 낙동강 타고 바다로 갈까

진달래 개나리 꽃눈을 트며
새봄을 노래하는데
염습을 받는 메주
세상에 왔다가 가는 것
시절 인연을 잘 만나야지
이런 삶이 내 몫이고 운명이라며
물소리에 귀 기울이니 강이 우네

들어 보아요

강이 우는 소리를
희로애락
잠 재운 수심에서
자유의 노랫소리 들리어 오네

아, 듣고 보니
삶기고
메주가 되고
마르고 트며 발효된 일이 지난밤 꿈이었네

*관욕灌浴: 재齋를 올릴 때 영혼을 목욕시키는 일.

메주의 수장

보셔요
삶기고 뜸 들어
두들겨 맞고 으깨져
탄생한 보얀 얼굴을

보셔요
마르고 트며
속을 삭인
빈자의 검누런 형색을

보셔요
황토방에서
참회로
울다 보인
하얀 성신聖身을

수장이 온다기에
맑은 바람 햇살로
육신을 추스르면서

죽음을
가슴 설레며 기다립니다

꽃보다 아리따운
메주의 일생이
도솔천 푸른 물에 노 저어갑니다

메주 마누라

초등학교 동창 곗날이다

내 집사람은 어머니 같다
내 각시는 누이 같다
내 여편네는 친구 같다
내 마누라는 종 같다며
마누라 자랑이 늘어졌는데
흑흑 거리는 울음에
왜, 그래 묻자
내 아내는 도둑 같고 원수 같다

자랑과 원망에도 먼 산만 보는 녀석에게 다
가가
자네 처는 어떤가, 묻자
메주 같은 사람이다
왜,
속을 썩이면 썩이는 대로
불평도 없이 속을 삭인다
녀석의 어깨 위에

메주가 햇살에 까르르
그래, 메주다

장 담는 날

메주를 씻으려 물에 담그니
메주가 첨벙첨벙
물장구치며 물 위를 돈다

오늘은 너희를 수장하는 날
소금물에서 파도소리 들리지
그래도 녀석들이
하하하 웃는다

죽음 앞에서 의연한 메주야
세상에 와도 옴이 없고
가도 감이 없다는 법문같이
너희는 열반을 이루었나 보다

항아리에 메주를 첩첩이 쌓고
돌로 누르고 소금물 부으니
아, 짜다
육신을 벗은 콩이 물의 정령과 손잡고
장이 되어 화엄의 세상으로 들어간다

일주문을 지나
불이문을 거쳐
해탈문에 오르면
누각에 부처님이 계시리라

누각에는 범패소리
천녀가 춤을 추고
항아리 안은 화장세계
한량없는 불보살이 설법하는 세상

된장 간장에

신이 된 양
물에 소금을 풀어 저어라
때와 하늘이 섞이고 있다

장독에 메주를 겹겹이 쌓고
돌로 누르고 소금물 부어라
정성껏 뚜껑을 닫고 가슴을 여민다

기다림에
곰팡이 꽃 하얗게 피어오르고
애간장 절절히 우러나 혼돈하다

신께서 밤과 낮을 가르시듯
메주는 건져내 으깨어 장독에 담고
여액은 고운체에 걸러서 항아리에 붓는다

너희는 간장 된장 됐으니
해, 달의 은혜와
별빛 사랑가를 담아서 익어라

숙성된 한 종지 된장 간장에도
천지신명이 담겨
시공時空의 윤회 속에
어우러진 조화가 아름답다

된장불 간장불

정토원에 가서
항아리 뚜껑을 열면
오백나한이 나와서
구수한 목소리로 종성을 한다

푹 삭아서 맛이 든
성문사과 스님들
원도 한도 버리고
해탈과 열반을 이루었다

곰삭은 정으로
반야심경을 외우고
우리를 위해 기도를 드린다
왜, 된장 간장이 성현이 되었을까

콩이 삶기어
메주로 태어나고
된장 간장으로 담기어
뜨고 삭고 발효하는 수행으로

인욕 선인이 되어 고해를 건너갔다

간절히 도를 깨달아
짭짤한 맛과 향으로
연화장세계를 일러 주는
된장불 간장불께 예배드린다

제 4 부

천명

천명이 내리면

새소리, 물소리, 바람소리
앞서 간 꽃이 간 곳으로
승천昇天하리니
비명碑銘을 쓰지 마라

하늘과 땅 뭇 생명에
빚 없는가
의문이다
비명을 쓰지 마라

고운 꽃에
머리가 숙여진다
비명을 쓰지 마라

환생

벗이여
별 모여 멱 감는 계곡에 향 촛불 밝혀다오
산등에는 달빛 고우리니
미련은 토방에 내려놓고
진달래 활짝 피이어
불여귀 노래하거든
내 왔다 하여라

꽃 미소

부산광역시 영락공원
앞뜰에
제비꽃이
미소를 피워 올렸다

안으로 드니
해탈의 세상

어버이 나를 낳기 전 내 모습

거목巨木도
소혼燒魂도
쉬어간다

뼈 바리때 살림살이

통도사 티베트 유물전에 가니
해골 바리때
종지뼈 찻잔
팔뼈 수저가
빛과 바람으로
타르르륵 탁 타르르륵 탁 목탁을 치며
해탈을 노 저어 오더니
여기가 열반 몇 번지요, 묻는다
이곳은 영축총림이요, 답하자
해골과 뼈에서
티베트 스님들이 걸어나와
그대, 온 곳을 아시는가?
갈 곳을 아시는가? 다시 묻는다
도반 스님의 발을 힘껏 밟자 '아야' 하기에
갈 때는, 저 소리가 간 곳으로 갈 것이요 하니
허공 자락이 발우*와 찻잔에 담기어 수저와
논다

*발우鉢盂: 스님의 공양 그릇.

부음

바람이 댓돌 위
흰 고무신에
낙엽 한 잎
내려놓았네

달은 서천을 가다
일기를 쓰고

적막한 도량의
풍경소리

뎅그렁뎅그렁

낳고
죽음도
저 가운데 있었네

초면*焦面
—입관

귀, 눈, 입, 코 봉하고
첩첩이 연꽃이 피는구나

고향에 가는 길
묶어야 눈이 밝다고
손도 발도 꽃 뒤에 숨기는구나

흠도 탈도 가져가오

노자를 드리려는데
수의는 주머니가 없구려

명복이 열리라
못다 한 가슴을
한가득 담아 보내오

*초면焦面: 얼굴이 없음, 염습으로 얼굴이 없어짐.

성복제成服祭

세상에 팔불출
산다고 아등바등
상복을 입고 죄인이 되었네

가시는 길
향초를 밝히고
잔을 따르면
가시다가 돌아오실까

곡하고 절하는
그리움이
바다보다 깊고
하늘보다 높아
임의 가슴 안으로 걸어만 가네

발인제發靷祭

흥 나는 외출이다
포, 탕, 전, 다과를 들자

북망산
꽃 장엄 새들 소리, 가슴 설렌다

울지 마라
길눈 어두울까 걱정이다

원도 한도 젊어지고
간다
가는 곳에
또 다른 삶이 있다

그 삶도 사랑하라
하늘 땅 열리기 전
꽃 한 송이
열반의 바다에 노 저어 가리라

노제路祭

"어허 어허 너하넘차 어허
간다 간다 나는 간다"고
하늘도 애석해서 비가 오는데
눈, 귀 어둔 먼 길에
왜,
사랑은 등에 지우며
미련은 가슴에 안기는가

올망졸망한 녀석들
재롱이 눈에 밟히어
해와 달도 쉬어서 가네

길마루에 주막을 벌리고
정이나 나누어 보세

길은 갈림길
꽃 피고
산새로 울어야겠네

소혼燒魂

나와라
화장장이다

기다려, 춤판이 일어나네
박자는 엇박자
등골을 휘어 쌓은 탑이 재가 되나니
오욕五慾, 칠정*七情을 불살라
업장을 참회하여라

몸이 타다 탈것이 없으면
불은 탐, 진, 치 삼독三毒이 아닌
화광삼매*의 빛
하얀 뼛골이 한 번 뒤척여
서국*에 일천 잎 연화가 피어난다

소혼이여 흔적마저 거두어가라

*칠정: 일곱 가지 감정 기쁨, 노여움, 근심, 두려움, 사랑, 미움, 욕심이다.

*화광삼매: 몸에서 불을 일으키고 그 빛에 쌓여 진리를 닦는 수행

*서국西國: 극락세계

봉안당에 안치해다오

애지중지한 몸 활활 살라
유회를 부수고 나니
희로애락이 백운에 걸리었다
구름마저 절구에 넣고 찧어다오

부수어도 부서질 것이 없어서
금강신金剛身이 되리니
나를 백자 항아리에 담아
배산임수背山臨水하고
청룡 백호가 옹호하는 봉안당에 안치해다오

그곳에서 산빛, 물빛, 바람과 함께
아아, 다리가 죽었다
팔이 죽었다
심장이 멎는다
하지만, 죽어 갈수록 의식이 뚜렷하다
이같이 정진하고 깨달아
죽음은 단절이 아니라
넋이 몸을 갈아입는 행위구나

절친한 친구를 맞이하듯 해탈의 문을 열리라
그리하여 신불神佛의 들숨 날숨과 함께
명복冥福을 꽃피워
일가친척이
우애하는 끈이 되리니
나를 백자 항아리에 담아
배산임수하고
청룡 백호가 옹호하는 봉안당에 안치해다오

수목장

내 가면 수목장 해다오

소나무. 참나무. 느티나무. 단풍나무. 살구나무, 동백나무, 영산홍 뿌리를 타고 나무 안으로 승천하리라

하늘에는 공작. 앵무. 극락조가 노래하고
이승보다 아늑한 궁궐이 있나니
못다 한 삶을 살리라

꽃피면 꽃으로 바라를 쨍, 춤사위 밟고
더우면 시원한 그늘에서 바둑을 두고
서리 내리면 오색 가슴을 열어서
천녀와 아기자기한 사랑으로
설경 속 하얀 평화를 노래하리라

텅 빈 충만으로 박자를 맞추면
금은보화보다 값진
적멸의 장엄

한 나무 한 가지 안에도
서울보다 큰 도시가 수 없나니
철 따라 꽃, 녹음, 단풍, 설화로 환생하리라

내, 가면 수목장 해다오

하관下棺

지관이 말하기를 꼭꼭 밟아라
밟는 것이 효도다

아버지의 관 위에 흙을 뿌리며
설움을 삼키는 귀에
스님의 염불 소리
어디에서 오시어
어디로 가시는가

밟혀도 밟혀도 말이 없고
산다는 것이
간다는 것이
귀먹고 눈먼 거북이

건너 묘소에 씀바귀 꽃이
요령 소리를 듣고
웃음을 짓는다

한 물건이 있어 담연한 세계

와도 옴이 없고
가도 감이 없는
요령 소리가 들어간 곳

평토제平土祭

토옥土屋에 집들이하니
바람이 맑아라

산에는 꽃이 피고 지고
새들 지저귐도 고아라

생각나면 오시게
술이나 차 한 잔 나누어 보세

세상은
뜬구름
부질없이 춤사위 밟았구나

놓으니 편하다
가끔
적멸에 쉬어가라
가슴앓이가 치유되리니

삼우제三虞祭

산에 와
산새로 우니
혼魂은 푸르러 산을 두르고
백魄은 맑아서 구름을 탄다

향 사르고 잔을 올려라
고해 건넜음을 축배 하리니

이곳은
남녀노소
너와 내가 없는 불이문

돈도 권력도
다, 빈 은하수 개울가
사랑도 미움도 내려놓는다

잘 살아라
임의 당부
맑은 바람에 동이 튼다

사십구재

눈뜨고 보지 못한
극락을
눈감고 어찌 가는가

임 향한 가슴을 갈고 닦아서
아침 이슬 머금은 연꽃같이
허공* 청정*에 이르면
영혼은
신령한 빛으로 더욱 밝아서
해달 별빛도 가도 가도 영영 못 가는
서방정토를 단박에 가나니
한 이레 두이레 칠재를 쇠어 드리자

사랑도 미움도 내려놓고서
연화장에
극락조 가라빈가* 노래하도록
한 이레 두이레 칠재를 쇠어 드리자

"낳으실 때 괴로움 다 잊으시고

기르실 때 고생하신" 은혜를 갚자

*허공: 소수점의 가장 끝자리의 바로 앞자리

*청정: 소수점의 가장 끝자리

*가라빈가迦羅頻伽 불경에 나오는 사람의 머리에 새의 몸을 한 상상의 새

탈상脫喪

그간, 고생 많았다

사물이 있느냐
수저와 그릇도 악기가 된다

어야디야
노래하며 춤추며
제각기 갈 길을 가자

그리움 사무치면
기일에
얼 내림 위패로 만나
못다 한 정을 나누자

죽음도 탄생같이 아리따운 꽃이다

기일忌日

오늘은 가슴으로 매 맞는 날

그리움에 제물을 올리고
임께서 베푼
헌신
사랑
은혜에 대하여
목메어
몸 사르는
향초같이 살려 합니다

감, 밤, 대추나무
회초리로 때려주세요

밤, 감은 낳고 가르치신 은혜
대추는 한결같은 효심의 표상입니다

□ 시집 뒤에

야승이 메주 쑤고 장 빚고 흙과 씨름하고 석축을 쌓다가 막노동이 힘들어 시를 썼습니다.

한 덩이 메주 안에도 희로애락이 있는데 인생은 어떻습니까?
이 시집이
도강渡江에 도움이 되었으면 합니다.

다음카페 「자연과 시의 이웃들」에서 시작詩作생활에 도움과 추천을 주신 임보 시인님, 홍해리 시인님,
화엄사 신도와 독자님들께 감사드립니다.

2014년 부산 구봉산 화엄사 고심원古心院에서
메주스님 고제웅